Fritz Pölking

MASAI MARA

AFRIKAS GARTEN EDEN

Tecklenborg Verlag

Umwelthinweis:
Der Inhalt dieses Buches wurde auf Papier mit chlorfrei gebleichtem Zellstoff gedruckt.
Das Einbandmaterial ist recyclebar.

Die deutsche Bibliothek - CIP Einheitsaufnahme

Pölking, Fritz:
Masai Mara
Afrikas Garten Eden
Steinfurt: Tecklenborg Verlag, 1995
ISBN 3-924044-16-3
NE: Pölking, Fritz

---

1. Auflage September 1995

Lektorat: Thomas Laumanns, Münster
Layout: Jan Tölle, Münster
Karten: Norbert Wessels, Steinfurt
Lithoherstellung: MAD, Münster

Printed in Germany
Druckhaus Tecklenborg, Steinfurt

Verlag und Autor garantieren, daß es sich bei den Fotografien in diesem Werk um Originalaufnahmen handelt, die digital nicht verändert wurden.

ISBN 3-924044-16-3

Familienidylle - während die Löwin in der Sonne döst, beobachtet das Junge interessiert seine Umgebung.

INHALT

Der Anubis-Pavian gehört zu den typischen Bewohnern der Masai Mara. Oft sieht man die Tiere auf der Futtersuche in großen Gruppen durch die offene Grassavanne ziehen. Zu ihren Lebensgewohnheiten gehören neben der Fellhygiene auch der fürsorgliche Umgang mit den Jungtieren.

Das Gebiet

Im Südwesten-Kenias befindet sich eines der faszinierendsten und wildreichsten Naturreservate Ostafrikas - die Masai Mara.

Nur etwa eine Flugstunde von Nairobi entfernt liegt dieses knapp fünftausend qkm große Gebiet inmitten des Viktoria-See-Beckens. Von Hügeln gesäumt wird das ausgedehnte Busch- und Grasland von den Flüssen Mara und Talek durchzogen, die sich in scheinbar nicht endenden Windungen durch die unberührte Landschaft schlängeln. Dichte Galeriewälder säumen die Ufer der Flüsse und geben dem ansonsten an Bäumen armen Gebiet den Charme einer fruchtbaren Flußlandschaft. Inselberge aus gewaltigem Urgestein und eine Vielzahl kleiner Gräben, genannt Korongos, prägen darüber hinaus weite Teile der Masai Mara. Fauna und Flora finden hier eine abwechslungsreiche Lebensgrundlage und gestalten so ein einmaliges Ökosystem.

Begünstigt durch die hohe Lage von über 1500 Metern über dem Meeresspiegel und der Nähe zum Victoria-See ist das Gebiet zu allen Jahreszeiten angenehm temperiert und mit reichlichen Niederschlägen versorgt. Zwar wird es auch hier tagsüber recht heiß, doch spenden die Abende und Nächte Tier und Mensch eine wohltuende Kühle.

Geographisch betrachtet ist das Gebiet der Masai Mara die nördliche Fortsetzung des fast 15.000 qkm großen tansanischen Serengeti Nationalparks.

Mit einer Gesamtfläche von nur knapp 1.600 qkm bildet das Masai-Mara-Wildreservat zwar den kleineren Teil dieses einmaligen Ökosystems, aber allein durch die jedes Jahr regenzeitlich bedingten Wanderungen der großen Huftiere findet an diesem Ort ein beeindruckendes Naturschauspiel statt. Hunderttausende von Weißbartgnus und riesige Zebraherden ziehen auf der Suche nach besseren Futterverhältnissen aus der südlichen Serengeti in die satten Weidegründe der Masai Mara. Neben diesen Huftieren gibt es eine enorme Artenvielfalt zu bewundern: Großtiere wie Elefanten, Giraffen, Antilopen, Löwen sowie selten gewordene Tiere wie der Gepard oder das Schwarze Nashorn finden in der Masai Mara einen idealen Lebensraum. Zahllose Vogelarten, Reptilien und Amphibien vervollständigen das Bild einer faszinierenden Tierwelt in einer unberührten Landschaft.

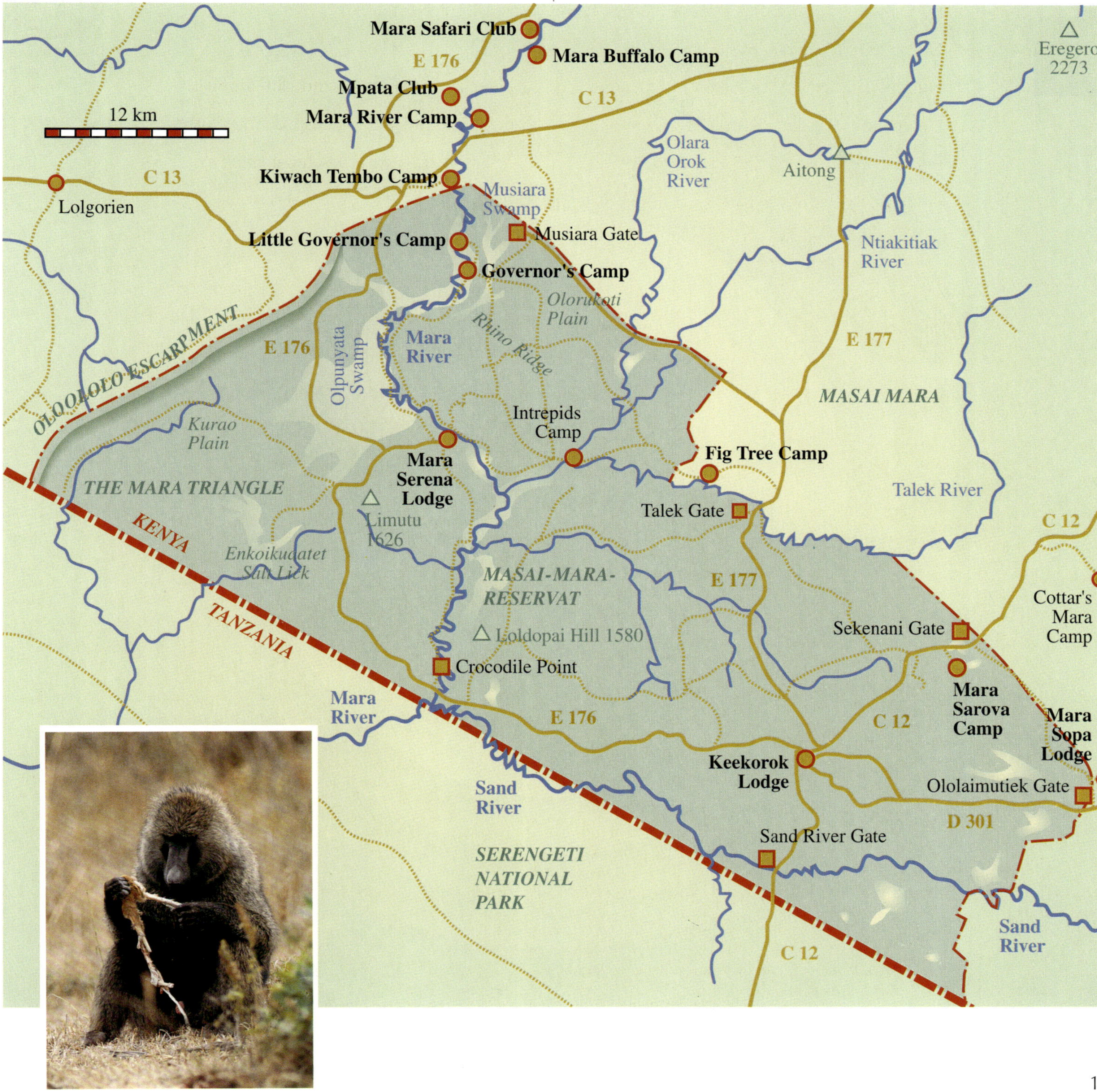

Mara Safari Club
Mara Buffalo Camp
E 176
Mpata Club
Mara River Camp
C 13
12 km
Eregero
2273
Olara
Orok
River
Aitong
Kiwach Tembo Camp
C 13
Lolgorien
Musiara
Swamp
Musiara Gate
Little Governor's Camp
Governor's Camp
Ntiakitiak
River
Olorukoti
Plain
Rhino Ridge
Mara
River
Olpunyata
Swamp
E 176
E 177
OLOOLOLO ESCARPMENT
MASAI MARA
Intrepids
Camp
Kurao
Plain
Mara
Serena
Lodge
Fig Tree Camp
THE MARA TRIANGLE
Talek River
Talek Gate
Limutu
1626
KENYA
C 12
Enkoikuatet
Salt Lick
MASAI-MARA-
RESERVAT
E 177
Cottar's
Mara
Camp
TANZANIA
Sekenani Gate
Loldopai Hill 1580
Crocodile Point
Mara
Sarova
Camp
Mara
River
E 176
C 12
Mara
Sopa
Lodge
Keekorok
Lodge
Sand
River
Ololaimutiek Gate
D 301
Sand River Gate
SERENGETI
NATIONAL
PARK
Sand
River
C 12

MENSCHEN UND GESCHICHTE

Die Wurzeln der Menschheitsgeschichte sind in Ostafrika über viele Millionen Jahre zurückzuverfolgen. Bis zum Homo sapiens war es ein langer Weg, dessen Etappen immer wieder von neuen Entwicklungsstadien gekennzeichnet sind.

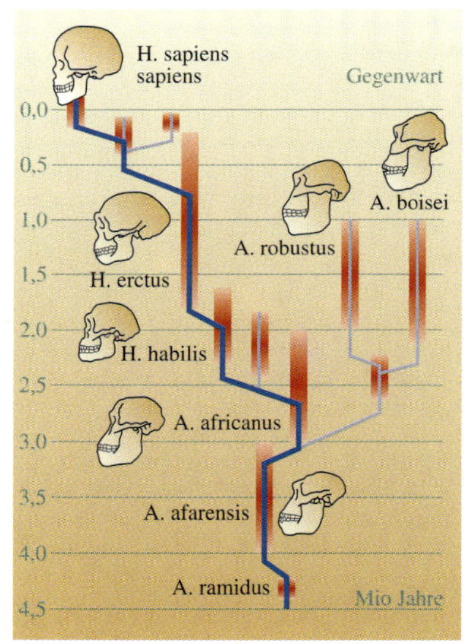

H. = Homo
A. = Australo pithecus

Blick auf ein Maasai Dorf (Manyatta) aus der Vogelperspektive. Gut zu erkennen die getrennte Viehhaltung.

Vor Jahrmillionen veränderte sich das Erscheinungsbild Kenias infolge großer Erdbewegungen und vulkanischer Aktivitäten grundlegend. Die gleichförmige Hochebene wurde aufgerissen und es entstanden Hochplateaus, Seen, weite Graslandschaften sowie eine mannigfaltige Tier- und Pflanzenwelt. Das ostafrikanische Grabensystem, „Great Rift Valley", gibt auch heute noch aktiv Zeugnis von den gewaltigen Kräften, die einst das Land in seiner ursprünglichen Form veränderten. Es ist jedoch nicht nur die geologische Entwicklung, die Kenia und ganz Ostafrika zu einem besonderen Gebiet dieser Erde macht, sondern auch, daß hier die Wurzeln der Menscheitsgeschichte zu finden sind. Vielen „Adamssuchern" dieses Jahrhunderts ist es zu verdanken, daß die Evolution in diesem Teil der Erde auf eine Zeitspanne von über 25 Millionen Jahren zurückverfolgt werden kann. Homo erectus, der erste aufrecht gehende

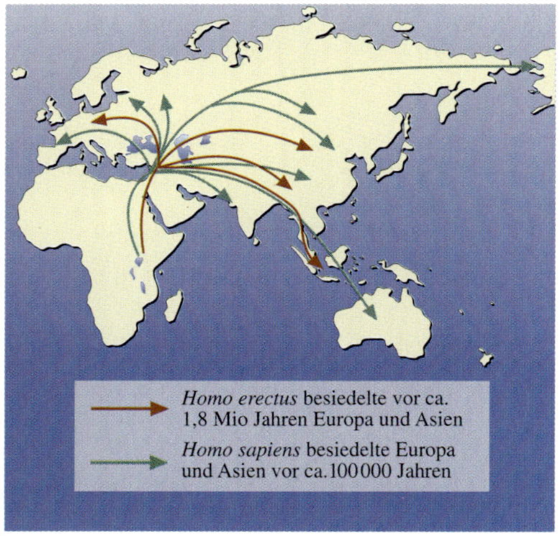

Die Theorien der Besiedlung der Erde durch den Menschen:
***a.** Regionale Gruppen des Homo ererctus als einzelne Populationen auf dem Weg zum Homo sapiens.*
***b.** Ostafrika als zentraler Ausgangspunkt für die Besiedlung durch Homo erectus und Homo sapiens.*

Mensch, hinterließ hier seine Spuren. Nicht unweit vom Wildreservat im Lemek-Tal fanden Archäologen Werkzeuge wie Äxte und Messer aus verschiedenen Epochen, die unseren Vorfahren das beschwerliche Leben erleichterten. Die Diskussion, ob das Mara-Serengeti Ökosystem mit der Olduvai-Schlucht, wie von namhaften Wissenschaftlern behauptet, die einzige Wiege des Menschengeschlechts darstellt, wird zwar durch neueste Theorien einiger Archäologen in Frage gestellt, aber ohne Zweifel ist es eine der Regionen, an denen das menschliche Leben seinen Ursprung nahm. Heute besiedelt das Volk der Maasai *(Masai = das Gebiet,*

Maasai = die Menschen) die Savannengebiete rund um das Kerngebiet der Masai Mara. Die jetzt friedlichen Viehnomaden galten noch in der zweiten Hälfte des vorigen Jahrhunderts als mächtige und gefürchtete Krieger, deren Siedlungsraum sich bis weit in die tansanische Steppe erstreckte. Eine kleine Fliege war es letztlich, die das blühende kulturelle und wirtschaftliche Gefüge zum Einsturz brachte: Die Tsetse-Fliege, Überträgerin der „Nagana“ genannten Rinderseuche, vernichtete in nur wenigen Jahren den Großteil der Viehbestände der Maasai

Paviane in der Abenddämmerung auf einem ihrer Schlafplätze.

und damit ihre Lebensgrundlage. Der Ausbruch einer Pockenepedemie führte schließlich zum Auseinanderbrechen des einst gut organisierten gesellschaftlichen Gefüges und der Zersplitterung der Volksgruppen. 1920 siedelten sich dann im Zuge britischer Truppenbewegungen einige Stämme der Maasai in den Randgebieten des Masai-Mara-Reservats an. Kurz vor Gründung des Nationalreservats im Jahre 1961 erhob zeitweilig auch das Volk der Watende Anspruch auf das Kerngebiet der Masai Mara, um seinen Rindern die

üppigen Weidegründe zugänglich zu machen. Nur durch die Proklamation des Gebietes als Reservat konnte dies letztlich verhindert werden.

Trotz tiefgreifender Veränderungen in der Lebensweise des Maasai-Volkes konnte dieses einen Großteil seiner alten Traditionen bewahren. Für den Besucher ist es allemal ein besonderes Erlebnis, den Maasai zu begegnen, die in ihrem prächtig geschmückten Erscheinungsbild einen festen Bestandteil der Masai Mara bilden.

Blick auf ein unter Bäumen versterktes und direkt am Ufer des Mara-River gelegenes Camp. So oder ähnlich sehen viele in und am Schutzgebiet aus.

Ein typisches Zelt, das den Besuchern in den Camps der Masai Mara angeboten wird. Von hier aus können mit Führern Einzel- oder Gruppenfahrten in die Masai Mara unternommen werden.

VÖGEL

Hammerkopf (Schattenvogel)

Afrikanischer Nimmersatt

Kaffernhornrabe

Vögel

Natürlich denkt man zuerst an die großen Tierarten Afrikas, wenn über den Wildbestand der Masai Mara gesprochen wird. Doch nur wenige Menschen wissen, daß in dieser Region eine Vielzahl von Vogelarten lebt, und die Masai Mara so ein Paradies für alle Ornithologen ist. Schon die Listung nur einiger der hier vorkommenden Vogelarten ist beeindruckend: Allein 45 Greifvogelarten, 28 Webervogelarten, 18 Reiherarten, 12 Enten- und Gänsearten, 9 Falkenarten, 8 Storchenarten, 7 Eisvogelarten sowie Eulen, Bienenfresser, Lerchen, Schwalben, und eine Vielzahl von Singvögeln sind hier regelmäßig anzutreffen.

Dem europäischen Eisvogel sehr ähnlich ist der prachtvoll schillernde Haubenzwergfischer

Für den Besucher der Masai Mara kaum zu übersehen ist der Strauß, der zwar die Fähigkeit zum Fliegen verloren hat, aber dank seiner kräftigen Beine Geschwindigkeiten von über 50 Stundenkilometer erreichen kann. Strauße sind mit einem Gewicht von etwa 200 Kilogramm und einer Körpergröße von knapp 2,50 Metern die größten lebenden Vögel.

Allgegenwärtig sind auch die unermüdlich kreisenden Geier, die aus großer Höhe ihre Beute zu finden suchen.

Als Aasfresser genießen sie zwar bei vielen Menschen keine besonders große Sympathie, doch nehmen sie im Ökosystem Afrikas die wichtige Funktion einer „Gesundheitspolizei“ ein.

Ein seltsam anmutender Vogel der Savanne ist der etwa 1,20 Meter große Sekretär, der, obwohl ein hervorragender Flieger, in der Regel am Boden zu beobachten ist. Mit seinen langen Beinen versteht er es außerordentlich geschickt, Beute zu machen. Seine Spezialität ist das Ergreifen von Schlangen, die er zunächst mit seinen kräftigen Krallen zu Boden drückt, um dann im geeigneten Moment dem Reptil den Kopf abzubeißen. Ebenfalls ein Spezialist bei der

Rechts sehen Sie den auffälligen Leierschwanz-Widavogel.

Webervögel sind Meister des Nestbaus - hier ist es der Scharlachweber, der an der kunstvollen Konstruktion seines Nestes arbeitet.

Die leuchtend gelben Dorfweber bevorzugen den Nestbau in Kolonien. Wie reife Früchte hängen ihre Nester in den Bäumen

Gut versteckt, befindet sich der Eingang zum Nest an der Unterseite der Wohnkugel.

Ein Grauhalskronenkranich in seiner ganzen bizarren Schönheit.

Nur in der Nähe von offenen Wasserstellen kann man den Graufischer beim Fangen von Fischen beobachten.

Nahrungssuche ist die Riesentrappe. Der bis zu 1,30 Meter große und ca.15 Kilogramm schwere Vogel durchstreift mit Vorliebe abgebrannte Savannengebiete, um dort schutzlosen Kleintieren nachzustellen. Trotz des enormen Gewichts und der stattlichen Größe schafft es die Riesentrappe zu fliegen und ist somit einer der schwersten flugfähigen Vögel, die es gibt.
Ein auffälliger Bewohner der Masai Mara ist der Leierschwanzwidavogel.
Manche Männchen dieser Vogelart richten sich in dem hohen Savannengras Balzplätze ein, die aussehen, als hätte noch vor kurzem ein Autoreifen hier gelegen. Um ein Weibchen anzulocken, springen sie dann auf ihrem Balzplatz in die Höhe, so daß man sie für kurze Momente aus dem Gras auftauchen sieht.
Durch die zum Teil sumpfigen Gebiete des Wildreservats gibt es in der Masai Mara auch eine Reihe von Vogelarten, die sonst seltener in den Savannengebieten anzutreffen sind.
So ist zum Beispiel auch unser europäischer Weißstorch gelegentlicher Gast, der sich hier seine Futterplätze mit einer Vielzahl von Storchenarten teilen muß.
„Freunde“ von Seen und Flüssen sind einige Eisvogelarten. Gleich sieben Vertreter aus dieser Familie sind regelmäßig in der Masai Mara zu sehen. Neben den großen Eisvögeln wie dem Königsfischer oder dem Graufischer gibt es auch kleinere Arten wie etwa den Haubenzwergfischer, der mit seinen schillernden Farben eine starke Ähnlichkeit mit unserem europäischen Eisvogel aufweist. Ganz unerwartet sieht man diese Vögel auch im offenen Buschland, weit ab von Wasserstellen, wo sie als Ansitzjäger schwirrenden Insekten nachstellen.
Als Meister des Nestbaus erweisen sich die Webervögel. In vielen Bäumen und Sträuchern findet man die von den Männchen kunstvoll geflochtenen kugeligen Nester. Nur von kräftigen Halmen oder dünnen Zweigen getragen, schwingen sie frei in der Luft und sind so sicher vor einer Vielzahl möglicher Nesträuber.

Seiten 26 + 27:
Topi oder Leierantilopenböcke im Kampf um die Vorherrschaft in ihrem Territorium.

GRA
LA

S
AND

Grasland

Die dominierende Vegetationsform in der Masai Mara ist das Grasland. Mensch und Tier haben über lange Zeiträume in entscheidener Weise dazu beigetragen, daß dieses Ökosystem entstehen konnte.

Waren es einst die Ureinwohner, die durch das Entzünden von Buschbränden ihren Viehherden neue Weidegründe bieten wollten oder durch Blitzschlag natürlich entfachte Brände, so sind es heute die gewaltigen Wildtierherden von Zebras, Büffel, Gnus und Gazellen, die das Bild der Grassavanne prägen und erhalten. Im Zuge der Wanderungen sind es oft Hunderttausende von Weidetieren, die aus den im Sommer trockeneren Gebieten der Serengeti auf die üppigen Grasreserven der Masai Mara zurückgreifen, um ihren Hunger zu stillen. Nur durch das regelmäßige Kurzfressen der Gräser und das „Pflügen" des Bodens der

über das Land ziehenden Weidetiere wird das Gras immer wieder aufs neue zum Wachstum angeregt und verjüngt. Zebras, die als Wiederkäuer besonders gute Nahrungsverwerter sind, fressen zunächst die oberen, oft trockenen und harten Halme der Gräser. Gnus, die den Zebras auf ihren regenzeitlichen Wanderungen folgen, können so leichter die tieferliegenden und nährstoffreichen Gräser erreichen. Schlußpunkt dieser für das Wachstum der Gräser wichtigen Verjüngungskur bilden schließlich die Gazellen, die sich im Vergleich zu den großen Huftieren schon mit geringen Mengen an Grasnahrung zufrieden geben. Im Laufe langer Entwicklungszeiträume

Der allgegenwärtige Rotschnabel-madenhacker auf der Stirn eines Kaffernbüffels.

Der Schmutzgeier benutzt Steine zum Öffnen von Straußeneiern.

*Seite 28:
Elenantilope mit Madenhacker*

Die farbenprächtige Ruhmeslilie (Gloriosa superba)

haben sich so die Flora und das Nahrungsverhalten der Tiere in dieser Landschaft gegenseitig beeinflußt. Es sind aber auch laubfressende Wildtiere wie Giraffen und Nashörner, die zum Erhalt der Graslandschaft beitragen. Sie sorgen dafür, daß nachwachsende Büsche und Bäume in ihrem Wachstum behindert werden. Elefanten, die „Landschaftsarchitekten“ der Tierwelt, tragen durch die Zerstörung ganzer Waldbestände dazu bei, daß vorhandene Grassavannen sich ausdehnen oder neu entstehen. Die Anzahl der Tierarten, die direkt oder

Pyjamalilie, ein Amaryllisgewächs (Crinum makorvanii)

Die uns aus hiesigen Gärten bekannte Blüte der Gladiole. (Gladiolus nateleusis)

indirekt von der Erhaltung dieses Ökosystems abhängig sind, ist sehr vielfältig. Denken wir nur an den Geparden, der auf den offenen, weiten Grasflächen seine Beute fixiert und dann mit atemberaubender Geschwindigkeit sein Opfer verfolgt. Ein Jagdverhalten, das dem Geparden das Überleben im Busch unmöglich machen würde. Eine Änderung in der Nutzung der Grassavanne durch den Menschen oder die starke Verminderung der grasfressenden Wildtierbestände würde diese einmalige Landschaftsform schon bald durch nachwachsende Büsche und Bäume verlorengehen lassen.

Die Blüte des Stechapfels, auch Engelstrompete genannt. (Datura stramonium)

Nach einem kräftigen Regen blühen die Feuerball-Lilien in ihrer ganzen Pracht. (Scadoxus multiflorus)

Ein Ohren- und andere Geierarten haben sich um die Reste eines geschlagenen Zebras versammelt.

Ein Ohrengeier mit seinen mächtigen Schwingen beim Landeanflug.

Eine schier unüberschaubare Herde von Weißbartgnus zieht grasend durch die weite Savanne der Masai Mara. Bei diesem prächtigen Anblick werden unwillkürlich Kinderträume von wilden Abenteuern im fernen Afrika lebendig.

GROSS UND KLEIN

Groß und Klein

In keinem anderen Naturreservat Kenias gibt es eine vergleichbare Artenvielfalt wildlebender Tiere wie in der Masai Mara. Das fruchtbare Grasland, die abwechslungsreiche Landschaft und der Wasserreichtum bieten die idealen Voraussetzungen dafür. Seltene Tierarten wie Afrikanische Wildhunde oder das vom Aussterben bedrohte Spitzmaulnashorn haben hier ebenso einen Überlebensraum wie Wildtiere, deren Bestand als gesichert gelten darf.
Der Elefant ist einer der imposantesten und auffälligsten Bewohner des Reservats.
Die bis zu sechseinhalb Tonnen schweren und etwa acht Meter langen Tiere benötigen täglich 80 bis 260 Kilogramm Nahrung und die enorme Menge von ca. 250 Litern Wasser. Bei diesen Futtermengen ist es leicht nachzuvollziehen, daß bei einer hohen Bestandsdichte in einem Gebiet, die Dickhäuter der Flora empfindlichen Schaden zufügen können.
Die Zahl der im Masai-Mara-Reservat lebenden Elefanten ist zwar in den letzten Jahren gestiegen, aber noch nicht in dem Maße, daß es zu erheblichen Schäden gekommen ist.
Ein typischer Bewohner der offenen Gras- und Buschlandschaft ist der Kaffernbüffel.
Als geselliges Tier ist er oft in Herden von mehreren hundert Tieren anzutreffen. Die recht friedsamen Büffel ernähren sich in der Regel während der Nachtstunden von Gras und Buschwerk, wobei sie eine besondere Vorliebe für junge Triebe und Zweige haben.
Fühlen sich die Tiere jedoch bedroht, können ihre mächtigen Hörner für Mensch und Tier zu einer gefährlichen Waffe werden. So haben durch angreifende Kaffernbüffel schon mehr Menschen ihr Leben verloren als etwa durch die großen Raubkatzen. Hoch hinaus geht es bei den Giraffen. Mit einer Kopfhöhe von über fünfeinhalb Metern überblickt dieses „Fabelwesen“ der Tierwelt aus luftiger Höhe die Landschaft der Masai Mara.
Hervorragend an das Leben im Busch angepaßt, ernähren sich Giraffen mit Vorliebe von den frischen Blättern aus der Krone des Akazienbaumes. In kleineren Gruppen von sechs bis zwölf Tieren ziehen sie mit majestätischen Schritten durch die Masai Mara. Sollte sie jedoch zur Flucht gezwungen sein, erreicht die Giraffe die beachtliche Geschwindigkeit von etwa 50 Stundenkilometern. Mit gezielten Huftritten ist sie aber auch in der Lage, Angreifer in die Flucht zu schlagen. Gefährlich wird es für diese Tiere immer dann, wenn sie ihren Durst

Die mächtige Silhouette eines Elefanten und eines Steppenzebras im Licht der Morgendämmerung.

Seite 40/41:
Wanderzug der Weißbartgnus. Wie Perlen auf einer Schnur ziehen sie durch das Naturreservat.

löschen müssen. Mit weit auseinandergewinkelten Beinen beugen sie sich umständlich zum Wasser und können so von möglichen Feinden leicht überrascht werden.
Neben den Giraffen sind es die Zebras, die mit ihren markanten Fellzeichnungen die Blicke der Besucher auf sich ziehen. Die „Tigerpferdchen", wie man sie auch gerne nennt, sind wie einige andere Wildtiere Afrikas ausschließlich auf dem „schwarzen" Kontinent beheimatet. Vom Grasland bis zu lichten Waldregionen sind sie in vielen Teilen der Masai Mara das ganze Jahr über in kleinen Gruppen zu beobachten.
Erst die regenzeitlichen Wanderungen der Huftiere, die aus der Serengeti in großen Herden eintreffen, lassen die Anzahl der Zebras im Reservat in die Hunderttausende steigen und bilden so die Kulisse für ein einmaliges Schauspiel.
Eine Tierart, die es ähnlich wie das Zebra verstanden hat, sich in verschiedenen Lebensräumen zu behaupten, ist das Impala.
Diese zierliche, kleine Antilope ist ein wahrer Meister im Weitsprung. Fast aus dem Stand vermögen es die erwachsenen Tiere, bis zu acht Meter weite Luftsprünge zu vollbringen. Trotz dieser enormen Sprungenergie und ihrer scheinbar ständigen Aufmerksamkeit gegenüber möglichen Gefahren, wird das Impala häufig Opfer der vielen hungrigen Fleischfresser, wie zum Beispiel der Tüpfelhyäne. Sie galt fälschlicherweise lange Zeit als reiner Aasfresser und Nutznießer anderer Raubtiere.
Es ist zwar richtig, daß Hyänen immer wieder

Ein Schwarzbrustschlangenadler beobachtet die Umgebung.

Zwei friedlich rastende Zebras, die sich von einem Rotschnabel-madenhacker von lästigem Ungeziefer befreien lassen.

Ein Rudel Afrikanischer Wildhunde frißt an einer erbeuteten Antilope, während das Leittier der Rotte aufmerksam die Umgebung nach möglichen Gefahren inspiziert.

Ein äsendes Spitzmaulnashorn läßt sich von den spitzen Dornen seiner Nahrungspflanzen nicht im geringsten beeindrucken. Seine durch Parasitenbefall gepeinigten Ohren werden inzwischen von einem Gelbschnabelmadenhacker 'gereinigt'.

Eine Leierantilope vor der weiten Ebene der Masai Mara.
Ein Bild, so wie wir uns Afrika vorstellen.

Weißrückengeier haben sich auf einem vertrockneten Geäst niedergelassen und inspizieren die Umgebung. Immer auf der Suche nach einen Kadaver, der ihnen zur Beute gereichen könnte.

anderen Fleischfressern ihre Beute entreißen oder sich an einem in Verwesung übergegangenen Tierkadaver sättigen, aber inzwischen ist erwiesen, das Tüpfelhyänen selbst hervorragende Jäger sind. So beobachtete man Rudel, die auch die großen Savannentiere wie Zebra und Gnu erbeuteten. Ihr Nahrungsbedarf wird etwa zu 80 % aus der eigenen Jagd bestritten, und es sind die Löwen, die nicht selten von dem Jagderfolg der Hyänen profitieren und sich an den Resten der Beute sättigen.

Eine Typfelhyäne hat das Fell eines Zebras erbeutet

Eine andere Art, die man in der Masai Mara häufig beobachten kann, ist der Anubis-Pavian mit einem breiten Nahrungsspektrum. Auf der Futtersuche streifen größere Horden dieser Bodenaffen durch die Landschaft, wobei ihr vielseitiger Speisezettel von Pflanzennahrung bis hin zu kleinen Säugetieren reicht. Die kräftigen Tiere haben bis auf Löwen – und gelegentlich Leoparden – keine natürlichen Feinde. Kommt es zwischen den so unterschiedlichen Wildtieren einmal zum Kampf, ist nicht immer vorherzusagen, wer von beiden zuerst die Flucht ergreift.

Eine Gruppe Impalas im ersten Morgenlicht.

Ruhig läßt sich die Giraffe von einem Madenhacker die lästigen Parasiten entfernen.

Nach dem Hochzeitsflug der Termiten abgefallene Flügel. In ihrer Transparenz und Form Wunderwerke der Natur.

Eine Zwergmanguste beim 'Handstand'. Ob dieser kleine 'Kraftprotz' das Gesteinmassiv hochstemmen will? Nein, er setzt eine Duftmarke ab.

Waldlandschaft

Zusammenhängende Wälder findet man in der Masai Mara nur entlang der Flüsse Mara und Talek. Oft schlängeln sich die sogenannten Galeriewälder mit dem Wasserlauf zusammen durch die weite Ebene der Mara. In den Wäldern gibt es eine faszinierende Tier- und Pflanzenwelt. Verschiedene Vogelarten sind es, die das grüne Dach der Bäume zum Leben erwecken. Der Milchuhu ist hier ebenso heimisch wie der Glanzhaubenturako. Den Glänzenden Lackporling kann man mit etwas Glück am schattigen, feuchten Boden der dunklen Flußwälder entdecken. An den Baumstämmen sitzen Nachtschmetterlinge, deren in Millionen Jahren entwickelte Mimikry sie vor Feinden schützen soll, wie etwa dem Afrikanischer Paradiesschnäpper, der sein winziges Nest in die Bäume der Galeriewälder hängt. Neben der Vielzahl von Tieren, die im Schutz der Bäume leben, findet sich auch das scheue Buschschwein, ein „Leckerbissen" für viele Raubtiere. Mit einem der regelmäßig in der Masai Mara aufsteigenden Heißluftballone ist das Bild dieser Landschaft eindrucksvoll aus der Vogelperspektive zu betrachten.

Schreie in der Nacht

In der Dunkelheit der Nacht kann es vorkommen, daß Mensch und Tier von einem durchdringenden Schrei aufgeschreckt werden, der so klingt, als würde ein hungriges Baby nach seiner Mutter rufen. Urheber dieser oft über eine Stunde anhaltenden Warnrufe sind Galagos, wegen ihrer Rufe auch „Buschbabys" genannt. Es kommen hier mehrere Arten vor. Die kleinste dieser possierlich wirkenden Halbaffen-Arten ist mit ca. 20 cm Körperlänge etwa so groß wie eine Hauskatze. Ein dichtes flauschiges Fell, große Augen und ein buschiger Schwanz runden das Bild dieser verborgen lebenden Primaten ab. Lebensraum der nachtaktiven Halbaffen sind das Buschland und die Akazienwälder Kenias. Mit etwas Glück und Übung kann man einen Galago jedoch auch am Tag entdecken, wenn er im Dickicht eines Busches kauernd die Nacht erwartet. Obwohl das Riesengalago gelegentlich am Boden beobachtet wird, ist sein eigentlicher Lebensraum der Baum. Als wahrer Kletterkünstler springt er auf seiner Futtersuche nach kleinen Insekten und Früchten zielsicher von Ast zu Ast. Oftmals überspringt er dabei Entfernungen von bis zu drei Metern, ohne das Gleichgewicht zu verlieren. Leider wissen wir bis heute nur wenig über das Leben der Galagos, da es in freier Wildbahn kaum möglich ist, ihn bei seinen nächtlichen Streifzügen durch die luftige Höhe der Bäume mit den Augen zu verfolgen. Wer aber einmal das Glück haben sollte, in einem der im Mara Gebiet liegenden Camps in einem Zelt zu übernachten, dem kann es passieren, daß einer dieser kleinen Gesellen, als Schatten sichtbar, auf dem Zelt herumturnt. Mit einer seiner kleinen Hände wird er sich dann am Zeltstoff festhalten, um ebenso geschickt mit der anderen Hand vorüberfliegende Nachtfalter zu schnappen. Erschrecken darf man dann aber nicht, wenn der Galago seinem Namen als „Buschbaby" lautstark alle Ehre macht.

Ein Anubis-Pavian hat es sich in einem Baum gemütlich gemacht.

Ein Afrikanischer Paradiesschnäpper brütend auf seinem kunstvoll gefertigten Nest.

Ein Riesengalago nach Sonnenuntergang, mit Blitzlicht fotografiert.

Selbst die an alten Baumstämmen stehenden Pilze (Glänzender Lackporling) beeindrucken durch Form und Farbe.

FLUSSLANDSCHAFT

Flußlandschaft

Lebensader des Wildreservats ist der Mara-River. Aus den Bergwäldern des Mau-Escarpment kommend, schlängelt sich das Flußbett in scheinbar endlosen Windungen durch die Landschaft der Masai Mara und überquert die tansanische Grenze, um dann nach einer langen Reise in den Viktoria See zu münden. An seinem zum Teil steilen Ufer wachsen eine Vielzahl verschiedenster Pflanzen und Bäume, die zusammen das grüne Band der Galeriewälder bilden. Das liebliche Bild dieser Flußlandschaft läßt vergessen, daß ein „fossiler" Bewohner der braunen Fluten vielen Tieren zur tödlichen Bedrohung werden kann.
Es ist das Nilkrokodil, das seit je an den Ufern des Mara-Rivers und im Fluß selbst seine Beute macht. Dieser mächtige Fleisch- und Aasfresser kann im Laufe seines langen Lebens eine Länge von sieben Metern erreichen. Begnügen sich die jungen Krokodile noch mit Beutetieren wie Insekten, Fischen, Schildkröten und kleinen Säugetieren, so besteht die Beute der großen Krokodile aus einer Vielzahl von Tieren des Reservats, die beim Trinken oder Durchqueren des Flusses die drohende Gefahr zu spät erkannt haben.
Antilopen, Gnus, Zebras oder Wasserschweine sind dabei ebenso Opfer der blitzschnell zupackenden Panzerechse wie auch Hyänen oder Löwen. Krokodile nähern sich bei ihrer Jagd langsam, wie ein im Wasser treibender Baumstamm ihrer Beute, um dann aus dem Wasser schnellend, ihr Opfer zu packen und zu ertränken. Nachdem das Tier getötet ist, schleudert das Krokodil, sich um die eigene Achse drehend, den leblosen Körper wieder und wieder auf die Wasseroberfläche, bis er schließlich aufplatzt und zerfetzt. Der Grund für diese Prozedur ist, daß Krokodile trotz ihrer kräftigen Zähne nicht wie andere Fleischfresser in der Lage sind abzubeißen und zu kauen, sondern gezwungen sind, die herausgerissenen Fleischbrocken stückweise zu verschlingen. Dabei hebt das Krokodil seinen Kopf so an, daß die fetten Bissen direkt in den weit aufgesperrten Rachen gleiten. Hufe werden dabei ebenso verschlungen wie ganze Schädel samt Hörner. Ein wahrer Festschmaus bietet sich diesen Jägern zu den Wanderzeiten der großen Gnu- und Zebraherden.
Zum Erreichen neuer Futterplätze sind die Weidetiere gezwungen, den Fluß zu überqueren. So sieht man die Huftiere zunächst zu Tausenden ängstlich und abwartend vor dem Wasser

Weißbartgnus streichen in sicherem Abstand um ein am Ufer dösendes Nilkrokodil herum.

stehen, aber wie auf ein geheimes Kommando hin stürzen sich die Leittiere plötzlich in den Fluß, um das gegenüberliegende Ufer zu erreichen.

In eng gedrängten Reihen folgen dann auch die übrigen Tiere der Herde, wobei es nicht selten vorkommt, daß einige der „Wasserstürmer“ dabei ertrinken. Ein paar Flußbiegungen weiter angespült, profitieren so auch andere Aasfresser wie Geier und Warane von den ertrunkenen Opfern der Tierwanderungen zwischen der Serengeti und der Masai Mara.

Die hungrigen Krokodile dagegen brauchen nur an Ort und Stelle ihr klaffendes Maul zu öffnen, um die fette Beute zu schnappen.

Weniger bedrohlich ist die Panzerechse dagegen an Land. Zwar ist auch hier Vorsicht geboten, aber in der Regel liegen die wechselwarmen Tiere nur dösend in der morgendlichen Sonne, um sich zu wärmen. Erst in der Glut der Mittagshitze ziehen sich die Tiere in das kühlende Wasser zurück, um später wieder an Land den Rest des Tages zu verschlafen.

Ein friedlicher Bewohner des Mara Rivers ist das Flußpferd, das sich in einer Art Koexistenz den Lebensraum Fluß mit den Krokodilen teilt. So kann man beobachten, wie diese unterschiedlichen Flußbewohner am Ufer aufeinandertreffen, ohne daß der Eindruck entsteht,

Seite 60/61:
Krokodile verschlingen ihre Beute mit Haut und Haaren - nicht die Zähne, sondern die starken Magensäfte helfen bei der Verdauung.

Wie im Bild zu sehen, nähert sich von links ein Krokodil einem Weißbartgnu, das den Mara-River mit der Herde zusammen durchqueren will.

daß es für das eine oder andere Tier zur Gefahr wird. Zwar versuchen die Panzerechsen gelegentlich ein Jungtier der Hippos zu erbeuten, aber durch den Schutz der größeren Flußpferde wird dies meist verhindert. Denn obwohl Flußpferde reine Pflanzenfresser sind, verfügen sie über einen enorm kräftigen Kiefer mit zwei gewaltigen Hauern. Möglichen Angreifern kann es da schnell passieren, gefährliche Verletzungen davonzutragen, aber oft genügt schon eine Drohgebärde, um gefräßige Räuber in die Flucht zu schlagen. Eine weitere Möglichkeit der Hippos, drohenden Gefahren aus dem Weg zu gehen, ist das Tauchen.

Ein Sperbergeier hat sich auf einem ertrunkenen Gnu niedergelassen.

Bis zu sechs Minuten können sie dabei, ohne Luft zu holen, unter Wasser bleiben, wobei die Flußpferde beim Tauchen nicht schwimmen, sondern auf dem Grund des Flusses laufen.

Die längste Zeit des Tages verbringen die bis zu vier Tonnen schweren Tiere jedoch dösend in den sogenannten Hippopools - Stellen, an denen der Fluß nur langsam fließt. Die den Schweinen verwandten Flußpferde sind dabei äußerst gesellig und bilden unter der Herrschaft eines kräftigen Bullen kleinere Gruppen. Durch lautes Grunzen kennzeichnen dabei die verschiedenen Flußpferdgemeinschaften ihr Territorium. Mit Einbruch der Dämmerung verlassen die schweren Tiere erstaunlich geschickt den Fluß, um zu ihren angestammten Weideplätzen zu gelangen. Dabei legen sie oft mehrere Kilometer auf immer wieder verwendeten Trampelpfaden zurück, die leicht an den tief in den Boden eingetretenen Wegen zu erkennen sind. Bei diesen nächtlichen Ausflügen kann ein ausgewachsenes Tier über 50 Kilogramm Gras und andere pflanzliche Nahrung zu sich nehmen. Der anfallende Kot der Flußpferde bildet einen wichtigen Düngestoff für das Wachstum vieler Pflanzen im Fluß. Ein Beispiel mehr für die oft enge Wechselwirkung zwischen Tier und Pflanzenwelt.

Eine Leierantilope ist bei dem Versuch, das steile Ufer des Mara-Rivers zu erklimmen, tödlich gestürzt und läßt ein Jungtier hilflos zurück.

Der Rückzug ist durch Krokodile versperrt, so versuchen die Thomsongazellen das Unmögliche - die Steilwand zu erklimmen. Irgendwann werden sie, von Hunger getrieben, doch den Rückweg durch das Wasser wagen, wo schon die hungrigen Echsen warten. Vier Krokodile kann man im Wasser vor den Gazellen liegen sehen.

Ein ungleiches Paar! Einträchtig beieinander schauen ein Flußpferd und ein Krokodil über den Mara-River.

Obwohl Nilpferde reine Pflanzenfresser sind, verfügen sie über enorme Hauer.

DIE GROSSEN KATZEN

Die großen Katzen

Neben den beeindruckenden Wildtierherden sind es vor allem die großen Raubkatzen, die den Besucher begeistern. In der vielfältigen Landschaft der Masai Mara finden diese Tiere eine optimale Lebensgrundlage, so daß viele der Katzenarten in diesem Gebiet noch häufig anzutreffen sind. Der Löwe etwa, der auch gerne als König der Tiere bezeichnet wird, erreicht im Masai-Reservat die höchste Bestandsdichte Afrikas.

Diese imposante Großkatze war vor wenigen tausend Jahren noch in einigen Gebieten Europas und Persiens ein gefürchteter Fleischfresser, bevor sie durch die Bejagung des Menschen ausgerottet wurde. Heute gibt es nur noch in Afrika und Vorderindien gesicherte Bestände. Mit einer Körperlänge von etwa zwei Metern und einem Gewicht über 190 Kilogramm ist der Löwe die kräftigste der großen Raubkatzen in Afrika.

Im Laufe seiner Entwicklungsgeschichte hat er es verstanden, sich unterschiedlichsten Lebensräumen anzupassen. Sein Lebensraum reicht von Bergregionen über offene Graslandschaften bis hin zu Baumsteppen. Eine Verhaltensweise, die dem Löwen unter den Katzenarten eine Sonderstellung einräumt, ist das Leben im Rudel. Solche Gemeinschaften können in Gebieten mit großen Beutetierbeständen nicht selten aus bis zu dreißig Tieren bestehen. In der Mehrzahl sind es weibliche, blutsverwandte Löwen, die im gleichen Rudel leben.

Der Grund für dieses Ungleichgewicht der Geschlechter ist, daß die männlichen Familienmitglieder bei Erreichen der Geschlechtsreife die vertraute Gemeinschaft verlassen. Sollte ein Männchen oder eine sogenannte Koalition von bis zu 5 Männchen stark genug sein, können sie für ein paar Jahre selbst ein Rudel beherrschen und sich im Kampf gegen männliche Rivalen verteidigen. Es sind vorrangig die Weibchen, die gern im Schutz der Nacht auf Jagd gehen. Besonders oft lauern sie dabei ihren Opfern an Wasserstellen auf, um sie mit einem Überraschungsangriff zu überwältigen. Dabei springt der Löwe mit einer hohen Laufgeschwindigkeit sehr großen Beutetieren auf den Rücken und versucht es so, zu Boden zu werfen. Meist richtet sich der Löwen-Angriff auf den Hals oder Nacken, um die Beute durch das Gewicht des Löwen zu Boden zu ziehen. Jagen die Tiere im Rudel, wird das Wild in einen Hinterhalt gelockt, wobei Zebras, Gnus und Antilopen die Hauptbeutetiere bilden.

Junger Löwe in der Masai Mara. Noch wirkt er wie ein niedliches Kätzchen, das zum Streicheln einlädt.

Ein Gepard setzt zur Jagd auf eine Thomsongazelle an. Die schnelle Katze erreicht dabei kurzfristig Höchstgeschwindigkeiten von über 100 Stundenkilometer.

Die enorme 'Schräglage' der Katze beim schnellen Laufen verhindert, daß die Fliehkräfte die Katze stürzen lassen.

Ein Leopard beobachtet aufmerksam die Umgebung in seinem Streifgebiet.

Im Jahresdurchschnitt werden bis zu 20 große Huftiere pro Löwe erbeutet, wobei diese Zahl, abhängig von den Wildtierbeständen, stark schwanken kann. Kommt es in Folge einer Dürrezeit zum Abwandern von Weidetieren aus dem Streifgebiet der Raubkatzen, müssen sich die Tiere über längere Zeiträume mit kleinen Säugetieren und notfalls Eidechsen begnügen. Besser haben es da die nomadisierenden Löwen, die nicht an ein Territorium gebunden sind. Als Einzeltiere ohne feste Rudelbindung können sie den Weidetieren auf ihren regenzeitlichen Wanderungen folgen und sind somit weniger von Futterengpässen bedroht.

Ein ausgesprochener Einzelgänger ist der geschmeidige Leopard. Diese gefleckte Katze ist nur während der Paarungszeit in Gemeinschaft zu beobachten. Sieht man doch einmal mehrere Leoparden an einem Ort zusammen, handelt es sich meist um ein Muttertier mit ihrem Nachwuchs. Bis zu fünf Junge kann eine Leopardin gebären, wobei es im Durchschnitt zwei oder drei Jungtiere sind, die sie liebevoll umsorgt. Ein hervorragender Ort, um diese beeindruckende Großkatze in ihrem Verhalten zu studieren, ist die Masai Mara. In ihr haben sich einige Tiere in den letzten Jahren derart an den Menschen gewöhnt, daß die ansonsten eher versteckt lebenden Raubkatzen hier in ihrer natürlichen Umwelt manchmal zu beobachten sind. Zwar ist der Leopard auch außerhalb der Naturreservate in Kenia verbreitet, wird dort aber durch seine nächtliche Lebensweise nur selten bemerkt. Sein Lebensraum erstreckt sich dabei von den trockenen Savannengebieten bis hin zu Dornbuschsteppen. Den Tag über verbringen die Tiere versteckt im dichten Gestrüpp oder auf einem Baum, bevor sie mit Einbruch der Dämmerung auf Jagd gehen.

Zu den bevorzugten Beutetieren der Leoparden zählen mittelgroße Säugetiere, aber auch kleinere Nager, Echsen und Vögel. Größere Beutetiere, von denen der Leopard mehrere Tage fressen kann, schleppt die kräftige gefleckte Katze mit Vorliebe auf einen Baum, wo sie fest verkeilt dem möglichen Zugriff von Löwen, Hyänen, Schakalen und anderen Beuteräubern entzogen wird.

Während Löwen und Leoparden sich meist schleichend ihrer Beute nähern, ist der Gepard ein Meister des Sprints. Als schnellstes Säugetier der Welt erreicht dieser schlanke Jäger kurzfristig

Zebras trinken aus einer tiefer gelegenen Wasserstelle im Bilaschaka-Gebiet. In solch einem Moment können die Zebras zur leichten Beute eines Löwen werden.

Der Blick dieses Leoparden läßt erahnen, daß es sich bei dieser Katzenart um einen ausdauernden Jäger handelt.

Eine Löwin hat ein ausgewachsenes Zebra geschlagen. Die Schockwirkung befreit das Tier von möglichen Schmerzen.

Zwei Löwen haben einen Kaffernbüffel in ihren Klauen. Für den Kaffernbüffel ist in dieser Situation eine Verteidigung schwierig, da er sich seine Angreifer nicht durch sein Gehörn vom Leib halten kann.

Geschwindigkeiten von über 100 Stundenkilometern. Dabei nähert er sich zunächst langsam seiner ahnungslosen Beute, um dann in rasendem Tempo das Beutetier förmlich zu überlaufen. Der Gepard jagt im Gegensatz zu den anderen Katzen ausschließlich am Tage, wobei er die frühen Morgen- und späten Nachmittagsstunden bevorzugt. Da der Gepard kein Aas verzehrt, wie oft bei Löwen oder anderen Raubkatzen zu beobachten, muß sich die schnelle Katze alle zwei bis drei Tage auf die Jagd begeben, um ihren Hunger nach frischem Fleisch zu stillen. Die Hauptbeutetiere der Geparde sind Gazellen, Hasen oder Jungtiere anderer Savannenbewohner. Trotz der enormen Laufgeschwindigkeit des Geparden kann es vorkommen, daß bis zu ein Drittel seiner Jagdzüge ohne Erfolg bleiben. Daß bei dieser Jagdmethode der Gepard eine Menge Energie verbraucht, versteht man, wenn er nach einem seiner schnellen Sprints minutenlang außer Atem ist, bevor er erneut ein weiteres Beutetier verfolgt.
Leider sind Geparde in ihrem Bestand stark gefährdet, und es bedarf Reservate wie der Masai Mara, um diesen wunderbaren Tieren ein Überleben zu ermöglichen.

Es beginnt die letzte Phase der Jagd. Die beiden Löwen haben den Kaffernbüffel an die Erde gezwungen, so daß er ihnen jetzt eine leichte Beute ist.

An windstillen Tagen ist das Ballonfahren eine der großen Attraktionen der Masai Mara. Still gleitet man über die weite Landschaft und genießt einen unvergeßlichen Blick über eines der letzten Paradiese Afrikas.

Zu Gast

Eine der kleinsten Antilopenarten, daß Dikdik.

Ein Löffelhund beim Säugen seiner Jungen.

Von Nairobi aus ist die Masai Mara mit dem Auto leicht an einem Tag zu erreichen. Bevorzugt werden dabei die zwei Hauptzufahrten. Die kürzeste führt über Narok, der Kornkammer der Masai Mara. Hier befindet sich auch die einzige Tankstelle auf dem Weg zum Reservat, das durch den Olemelepo-Eingang erreicht wird. Ziel dieser Strecke ist zumeist die Keekorok Lodge. Die zweite wichtige Zufahrt führt über Kericho inmitten eines großen Teeanbaugebietes. Auf dieser Route passiert man das Ololo-Tor, mit dem Ziel der Mara-Serena Lodge. Wer die zum Teil schlechten Straßenverhältnisse in seinem Reisetagebuch nicht mit dem Vermerk „blaue Flecke" kommentieren möchte, sollte sich ohne Zögern für das Fliegen entscheiden. Charter- und Linienflugzeuge bringen Sie bequem in nicht einmal 45 Minuten vom Wilson Airport in Nairobi in das Reservat.

Auf Bequemlichkeiten muß der Besucher auch innerhalb des Mara-Reservates nicht verzichten. Zwei höchst komfortable Lodges stehen innerhalb der Grenzen des Reservates zur Verfügung. Im Nordwesten die Mara-Serena Lodge und im Südosten

die Keekorok Lodge. Beide bieten ein Maximum an Komfort. So findet man in beiden Unterkünften eine Rezeption mit kleinen Geschäften für Andenken und Gebrauchsgegenstände. Eine Bar ist dabei ebenso Standard wie der stets saubere Swimmingpool mit einer angrenzenden Terrasse.
Alle Zimmer verfügen über ein eigenes Bad mit WC, bequeme Betten und Sitzgelegenheiten.
Nicht weniger anspruchsvoll sind einige der Camps, die zum Teil auch außerhalb des Mara-Reservats liegen, wie das Cottar's Camp. Man findet es direkt an der Zufahrtsstraße zum Olemelepo Tor. Ebenfalls außerhalb des Reservates liegt direkt am Mara-Fluß nördlich des Mara-Dreiecks das Mara-Buffalo-Camp und das Mara-River-Camp. Governors` und Little Governor`s Camp sowie Intrepid Camps liegen innerhalb des Reservates. Am Nordufer des Talek Flusses befindet sich noch das Fig-Tree-Camp. In allen Camps ist wie in den Lodges für eine erstklassige Versorgung der Besucher

gesorgt. Die Zelte sind dabei oft mit vielen Annehmlichkeiten und hygienischen Einrichtungen ausgestattet. Daneben gibt es noch eine Vielzahl von Campingplätzen, die man auch direkt in Nairobi über die Nationalparkverwaltung buchen kann.

Reisezeit / Klima

Die Zeit von Ende März bis Anfang Mai ist geprägt durch starke Regenfälle. Viele der unbefestigten Wege im Reservat sind in diesen Monaten nicht zu befahren, so daß die Verbindungen zu einigen Camps oft erheblich beeinträchtigt sind. Abgesehen von geringen Schwankungen sind die Temperaturen in der Masai Mara das ganze Jahr über recht konstant. Tagsüber ist es heiß und die Nächte sind angenehm kühl.

Dr. Wally und Dr. Horst Hagen möchte ich herzlich danken für die kritische Durchsicht des Manuskriptes. F. P.

Ein seltener Augenblick für Tier und Fotografen. Flußpferd „küßt“ Krokodil am Ufer des Mara-Rivers.

Benutze Literatur:

Alison Wilson „Guidebook to the Masai Mara Reserve“, FOC & FOMM, Nairobi

Richard Despard Estes „The Behavior Guide to African Mammals“, University of California Press, Berkeley 1991

Hagen, W. und Hagen, H.: Reiseführer Natur Ostafrika BLV Verlagsgesellschaft, Rüncken 1991

Hagen, H: Kenia und seine Nationalparks Kilda Verlag, Greven 1983

Bitte helfen Sie dieses Reservat zu schützen, indem Sie folgende Vorschriften beachten:

- Stellen Sie sicher, daß Sie das Reservat rechtzeitig erreichen. Alle Tore werden um 6.30 Uhr geöffnet und um 19.00 Uhr geschlossen. Ausnahmen werden nicht gemacht!

- Bringen Sie keine Haustiere mit in das Reservat. Das Gebiet gehört allein den Tieren der Wildnis.

- Radios, Kassettenrecorder und Plattenspieler sind im Reservat nicht erlaubt. Erschrecken Sie die Tiere nicht durch Hupen, Trommeln auf das Auto oder irgendeine andere Art.

- Pirschfahrten sollten immer von einem Ranger begleitet werden. Beim Auffinden der Tiere ist er genauso behilflich wie bei möglichen Pannen an Ihrem Fahrzeug. Das Game-Office hilft Ihnen bei der Vermittlung.

- Die Geschwindigkeitsbegrenzung für Fahrzeuge im Reservat beträgt 50 Km/h. Tiere haben immer Vorfahrt.

- Lassen Sie Ihren Fahrer mit dem Wagen nicht zu nahe an die Tiere. Begeben Sie sich nicht in Gefahr, indem Sie sich auf das Wagendach setzen oder aus dem Fenster lehnen.

- Bitte bleiben Sie in Ihrem Auto, außer auf offiziellen Haltestellen. Denken Sie daran, daß es sich um wilde Tiere handelt, die gefährlich sein können.

- Bleiben Sie auf den Wegen. Beschädigen Sie nicht die Vegetation durch Schneiden von Stöcken, Ausreißen von Pflanzen.

- Bitte sammeln oder entfernen Sie keine Tierknochen oder andere Reste wie Häute, Hörner, Zähne, etc.

- Werfen Sie keine brennenden Zigaretten aus dem Fahrzeug.
  Lassen Sie keinen Abfall im Reservat zurück (Filmbehälter, Zigarettenschachteln Verpflegungsverpackung etc).

- Halten Sie zu jedem Tier mindestens eine Entfernung von 20 Metern ein. Folgen Sie nicht sich entfernenden Leoparden, Geparden oder Löwen. Geparde niemals mit Fahrzeugen umstellen.

- Bitte fotografieren Sie keine Maasai, weder im Reservat noch auf Fahrten außerhalb des Reservates.

- Folgen Sie den gesetzlichen Anweisungen des Game-Warden oder seiner Mitarbeiter.
  Denken Sie daran, daß die Interessen der Natur in einem Wildschutzgebiet an erster Stelle stehen.

Wenn Sie Interesse an fotografischen Hintergrundinformationen zu diesem Bildband haben, dann lesen Sie bitte die Broschüre ‚Fotoprojekt Masai Mara'. Darin finden Sie eine ausführliche Darstellung zur Entstehungsgeschichte der Aufnahmen in diesem Buch.
Diese 100-seitige Broschüre können Sie mit einem Euroscheck über DM 19,80 bei der Gesellschaft Deutscher Tierfotografen anfordern.
GDT, Im Sonnenberg,
D-56729 Monreal

Noch erinnert dieser junge Löwe eher an ein wuscheliges Stofftier als an die mächtige Raubkatze, die er einmal werden wird.

Sechs Wochen mit der Kamera im Land der Geparden. Fritz Pölking und Norbert Rosing zeigen in außergewöhnlichen Fotografien ein einfühlsames Bild der schnellsten Raubkatzen der Welt. Ein ideales Nebeneinander von beeindruckender Fotografie und Verhaltensdokumentation.

Fritz Pölking / Norbert Rosing
Geparde
Die schnellsten Katzen der Welt
Hardcover, 31 x 24 cm,
128 Seiten, 142 Farbfotos,
DM 68,-

Bestellungen bitte mit Ihrer Anschrift an:
Tecklenborg Verlag, Siemensstraße 4, D-48565 Steinfurt oder an jede Buchhandlung
* Ab Ende Oktober '95 lieferbar.

Die Gesellschaft Deutscher Tierfotografen e.V. präsentiert zu ihrem 25jährigen Bestehen diesen großen Bildband. Ein Augenschmaus für jeden, der die Schönheit und Vielfalt der Natur in einer Galerie perfekter Aufnahmen erleben möchte.

Klaus Nigge
NATUR
BILDER *
Gesellschaft Deutscher
Tierfotografen e.V.
224 Seiten, 300 Farbfotos,
Hardcover, 24 x 30 cm,
DM 112,-